AF357787

1905 - Février 11

VENTE

HOTEL DROUOT, SALLE N° 11

Le Samedi 11 Février 1905

A 2 HEURES 1/4

Belles Sculptures

MARBRES

Anciens et Modernes

Groupes — Bustes — Statues

TABLEAUX DE DIFFÉRENTES ÉCOLES

MEUBLES D'ÉPOQUES et de STYLES

XVIIe et XVIIIe siècles

OBJETS D'ART & DE CURIOSITÉ

Bijoux

Me **Jules GUILLET**
COMMISSAIRE-PRISEUR
34, rue Baudin, 34

M. **Arthur BLOCHE**
EXPERT PRÈS LA COUR D'APPEL
51, Rue Saint-Georges, 51

EXPOSITION PUBLIQUE

Le Vendredi 10 Février 1905, de 2 heures à 6 heures

C. CHAUFOUR

8-10, RUE MILTON, 8-10

PARIS

CONDITIONS DE LA VENTE

La vente sera faite au comptant.

Les acquéreurs paieront *dix pour cent* en sus des prix d'adjudication.

Aucune réclamation ne sera admise une fois l'adjudication prononcée.

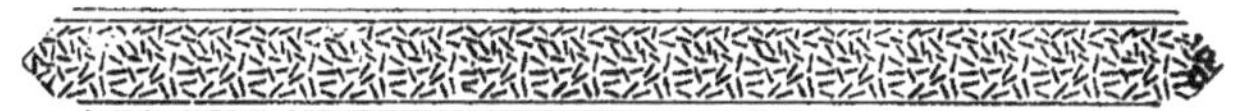

DESIGNATION

SCULPTURES

1 — Belle et grande statue en marbre blanc,
représentant Cléopâtre, signée Barzaghi ;
socle tournant, posé sur une gaîne ronde en
marbre blanc veiné.

2 — Statuette en marbre blanc : Diane chasse-
resse. OEuvre de Mme la duchesse d'Uzès.

3 — Buste en marbre : la Châtelaine, de Faure
de Brousse.

4 — Statuette en marbre : Enfant, torchère.

5 — Groupe en marbre : la Vierge et l'Enfant.
Epoque du xviie siècle.

6 — Grand buste en marbre en forme de re-
liquaire, de style XVIᵉ siècle : Manuela
Rodriguez.

7 — Grand buste en marbre : femme à demi
drapée. Epoque du XVIIIᵉ siècle.

8 — Buste en marbre : femme drapée. Epoque Louis XIV.

9 — Buste en marbre, représentant Marie de
Médicis en costume de cour, de Caro.

10 — Statuette en terre cuite : la Chatelaine, de
A. Carrier-Belleuse.

11 — Statuette en terre cuite : Harmonieuse de
A. Carrier-Belleuse.

12 — Buste en marbre représentant Apollon.

13 — Petit buste en marbre représentant
Mme Dubarry.

14 — Buste en marbre : Napoléon Iᵉʳ· OEuvre de
C. Marochetti.

15 — Statuette en marbre : la Cigale, signée Cassaigne.

16 — Haut-relief en marbre : le Nid, signé Cassaigne.

OBJETS D'ART

17 — Grand et beau vase en terre cuite peinte et à rehauts d'or, dessin offrant une armoirie, à l'aigle double sous un arceau et accosté de quadrupèdes symboliques dont les têtes se détachent en relief, anses ajourées sur support en bois noir. Grenade XIVe siècle.

18 — Paire de grandes potiches avec couvercles, décor à réserves de chimères dans des paysages et à branchages fleuris dans le goût de la famille verte.

19 — Grande potiche de pharmacie en ancienne faience de Nevers, décor en bleu sur blanc, anses à serpents enroulés.

20 — Paire de vases de style Louis XVI en marbre fleur de pêcher, anses à têtes de béliers reliées par des guirlandes de fleurs en bronze ciselé et doré.

21 — Paire de vases en porcelaine du Japon décorés d'émaux en relief, représentant des personnages, fond vermiculé.

22 à 31 — Suite de vingt-cinq pièces en faïence artistique, plats, groupes, appliques, figurines, vases etc.

32 — Garniture de cheminée en bronze ciselé et doré. Stye Ier Empire.

33 — Garniture de cheminée en bronze doré. Style Louis XVI, composée d'une pendule, et deux candélabres.

34 — Garniture de foyer en bronze doré. Style Louis XVI.|

35 — Paire de chenets. Style Louis XV.

36 — Suspension de salle à manger à six lumières en bronze doré. Style Empire.

37 — Suspension en cuivre doré à électricité.
Style Louis XVI.

38 — Vase persan en cuivre gravé et ajouré.

39 — Paire de chenets en bronze ciselé et doré,
Enfants sur des coussins.

40 — Grande boîte ronde en laque de Pékin décor aux nuages dragons, oiseaux et fleurs en rehauts d'or.

41 — Boite à jeu ornée d'incrustations de bur-
gau et de fleurs. Travail du Tonkin.

42 — Plaquette en ivoire représentant : La sainte
Trinité.

43 — Lampe en métal argenté.

44 — Brosses et ramasse-miettes, en métal argenté.

45 — Miniature portrait de femme.

MEUBLES

46 — Grand meuble Renaissance en noyer sculp-
pté, s'ouvrant dans le haut à deux portes et
deux tiroirs, ornées de mascarons au milieu de
volutes, coquilles et draperies, entre-jambe à
arcades.

47 — Table-bureau XVIIIe siècle en palissandre
et bois de rose, ornée de bronzes, chûte à têtes
de marquises, posées sur des gaines feuilla-
gées.

48 — Prie-Dieu gothique en chêne sculpté, s'ouvrant dans le haut à un abattant, et dans le
bas à deux petites portes, gaine de velours
mauve rayé.

49 — Grande table bureau Louis XIV en bois de
luxe garni de bronzes.

50 — Table ovale de style Louis XVI en bois
sculpté et doré, avec entre-jambes foncé de
canne. Dessus en marbre blanc veiné.

51 — Commode Louis XIV en marqueterie.

52 — Petite commode plate Louis XVI en marqueterie de bois à trois tiroirs.

53 — Vaisselier breton avec panneaux sculptés.
(Daté de 1699).

54 — Meuble à hauteur d'appui en bois satiné et
marqueterie. Style Louis XVI.

55 — Table rognon en acajou. Style Louis XVI.

56 — Coffre à bois recouvert de tapisserie.

57-58 — Deux tables avec étagères.

59 — Casier à musique.

60 — Coffret.

BIJOUX

61 — Bague en or, losange orné de diamants et
d'émeraudes entrecroisés.

62 — Réticule en argent et vermeil.

63 — Santoir en argent et vermeil avec coulant serpent et perles.

64 — Bague en or et platine enrichie d'une perle entre deux brillants.

65 — Marquise en or, ornée d'un saphir et de diamants.

66 — Bague en or enrichie d'une perle entourée de diamants.

67 — Montre de dame en or, boîte de chasse mouvement à ancre.

68 — Bague en or et platine, ornée d'une opale, entourée de brillants.

69 — Bague en or et platine avec brillants entourés de rubis d'Orient.

70 — Garniture de chemise, perles montées sur or.

71 — Paire de boucles d'oreilles en or, ornées de perles avec entourage en diamants.

72 — Epingle de cravate en or, enrichie d'un saphir, entouré de diamants.

73 — Glace à main, avec miniature dans un cadre en bronze.

TABLEAUX GRAVURES

74 — CHENNEVIERE (ALBERT). Pierrot et Polichinelle. Deux tableaux se faisant pendants.

75 — GUIDE (Ecole du). Portrait de femme coiffée d'un turban.

76 — POUSSIN (Ecole du). Jupiter visitant la belle Hélène.

77 — RENI (Attribué à GUIDO) Sainte Madeleine. Cadre en bois sculpté.

78 — RUBENS (Ecole de). Le triomphe de la religion.

79 — TIÉPOLO (Attribué au). La conversion.

80 — VAN DYCK (Ecole de). Le Christ en croix.

81 — ECOLE DE FONTAINEBLEAU. Nymphe et Bacchant.

82 — ECOLE FRANÇAISE DE XVIIe SIECLE. Portrait d'une grande dame corsage bleu décolleté, orné de perles et de joyaux, avec manteau de velours rouge jeté sur les épaules.

83 — ECOLE ITALIENNE. — Le Christ.

84 — TIÉPOLO (Ecole du). Portrait d'un rabbin en costume sacerdotal.

85 — ECOLE VÉNITIENNE. — Portrait de deux gentilshommes, représentés habillés en armures. Avec inscriptions.

86 — ECOLE MODERNE. Paysage.

87 — ECOLE MODERNE. Portrait de femme.

88 — ECOLE MODERNE. Portrait d'un abbé.

89 — ECOLE MODERNE. La Vierge.

90 — ECOLE MODERNE. Chevaux à la forge.

91 — ECOLE MODERNE. Fleurs.

92 — ECOLE MODERNE. Singes.

93 — ECOLE MODERNE. Anges.

94 — ECOLE MODERNE. Paysage.

95 — Triomphe d'Assuérus. (Quatre gravures.

96 — Gravure (d'après Vélasquez).

97 — La Fontaine d'amour. Gravure.

98 — Songe d'amour. Gravure.

99 — Atalanta. Gravure.

100 — Chevaux de courses. Deux gravures.

101 — Chevaux de courses. Deux gravures.

102 — Repos de la Vierge. Gravure.

103 — Bains romains. Gravure.

104 — Conversion de St-Paul. Gravure.

105 — Mise en croix. Gravure.

106 — Descente de croix. Gravure.

107 — Le Rémouleur. Gravure.

108 — Jeux innocents. Gravure.

109 — Objets omis.

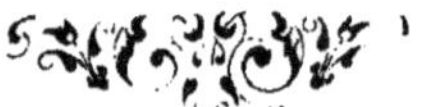

9 782329 510408